El lenguaje de los perros

interpretarlo y comprenderlo

> Autora: Katharina Schlegl-Kofler | Fotos de reconocidos fotógrafos especialistas en animales

AF192561

Indice

El lenguaje de los perros

Cómo nos hablan los perros

Apéndices

HISPANO EUROPEA

El mundo sensorial de los perros

Un animal de manada con sentidos muy desarrollados

Al igual que su antepasado el lobo, nuestro perro doméstico también es un animal de manada. Un lobo solitario no tendría ninguna probabilidad de éxito en sus cacerías. Por lo tanto, la vida en el seno de

> *A pesar de que su aspecto es distinto, muchas de sus características son las del lobo.*

una estructura social es una condición imprescindible para su supervivencia. Para tener éxito no puede hacer ca-

da uno lo que quiera. Cada miembro de la manada ocupa un puesto en la jerarquía y tiene que atenerse a determinadas reglas para que todos puedan trabajar juntos con eficacia y sea posible la convivencia. Tienen que ser capaces de adaptarse rápidamente a las más diversas situaciones y ponerse de acuerdo para cazar una presa o defenderse de un peligro. Para ello les es de gran utilidad su peculiar «lenguaje». Nuestros perros domésticos también lo poseen, y lo emplean tanto para comunicarse con sus congéneres como con nosotros. Es un idioma en el que intervienen el

lenguaje corporal, la voz, los mensajes olorosos y unos sentidos muy agudos.

El sentido del olfato

Los perros perciben el mundo que los rodea principalmente a través del olfato. Su mucosa nasal es unas 30 veces mayor que la del hombre y su número de sensores olfativos es 40 veces superior. Éstos le permiten distinguir olores muy sutiles aunque estén enmascarados por otros más intensos. Y esto es muy importante, por ejemplo, para seguir un rastro. A cada paso se aplastan trozos de plantas y se producen alteraciones en el suelo.

SUGERENCIA

Fíese de su olfato

Nosotros sacamos mucho provecho del olfato de los perros. Los perros de caza ayudan al cazador a dar con la pieza herida. Los perros de rescate buscan personas desaparecidas u ocultas. Los perros especializados en drogas y explosivos son grandes colaboradores de la policía. Hay perros que pueden buscar trufas, otros que detectan las fugas de los oleoductos y otros capaces de efectuar rescates en el agua. Algunos perros incluso son capaces de detectar cuando su dueño diabético tiene una «bajada de azúcar», y probablemente también se basen en su olfato para ello.

Las bacterias empiezan inmediatamente a descomponer estos fragmentos de materia vegetal. El perro se orienta por el olor que se produce en este proceso, incluso si ha llovido o si un vehículo ha cruzado el rastro.

También puede oler si el rastro procede del vecindario o si viene del bosque. En buenas condiciones, un perro bien entrenado es capaz de seguir con seguridad un rastro que ya tenga varios días.

Pero el perro aún percibe más cosas. Cada ser vivo tiene su propio «aroma», pero en éste también influyen los alimentos, las enfermedades, el miedo, etc. Por esto los perros se olfatean tanto entre sí y olfatean también a las personas, pues es su modo de «leer» las circunstancias que los rodean. Obtienen una gran información acerca de las personas y de los otros perros. Y los machos son capaces de detectar a una perra en celo a varios kilómetros de distancia.

Pero no todos los perros tienen el sentido del olfato igual de desarrollado, ya que aquí también interviene el factor genético. Los perros de caza, como los sabuesos, tienen un olfato mejor que el de un perro de compañía, como por

> El olfato les proporciona muchas informaciones interesantes, por eso estos perros «leen» las marcas con tanta pasión.

ejemplo un pomerania. Además, el entrenamiento especializado (como por ejemplo seguir pistas artificiales) también les ayuda a desarrollar el olfato. Dado que nosotros carecemos de esta percepción, nos es muy difícil imaginar cómo debe ser el mundo de olores en el que se desenvuelve el perro. Lo que sí podemos constatar con frecuencia es que no siempre relacionamos los olores del mismo modo. En cuanto a colonias y perfumes, nuestros gustos y los de los perros suelen ir por caminos distintos; sin embargo, respecto a un buen trozo de carne asada coincidimos plenamente.

El oído

También aquí el perro nos supera de largo. Mientras que nosotros solamente somos capaces de percibir sonidos hasta 20.000 hz, el perro alcanza los 60.000 hz. Los perros no perciben los sonidos muy graves, pero sí los ultrasonidos. En la naturaleza debe ser capaz de distinguir rápidamente si lo que se aproxima es un compañero, un enemigo o una presa. Por este motivo oyen los sonidos antes que nosotros, los saben ubicar

mucho mejor y los diferencian perfectamente unos de otros. Antes de que nosotros podamos oír algo, el perro ya sabe si los pasos son de un conocido o de un extraño. También distingue de lejos el coche de su amo. El perro no sólo registra sonidos cuando está despierto, sino también cuando duerme. Aunque esté profundamente dormido en

> *¿Y tú quién eres? El olor propio también aporta muchos datos a sus congéneres.*

su cama, se despertará en el acto si oye que alguien descuelga su correa.

Vista

También aquí existen diferencias entre el hombre y el perro: los perros ven mejor que nosotros en la oscuridad y en la penumbra. Su retina reflectante actúa como un intensificador de luz residual. A distancias muy cortas la mayoría de los perros ven con menos definición que nosotros, pero su visión lateral y hacia atrás abarca un campo más amplio que el nuestro. En la naturaleza les es de gran utilidad para detectar a tiempo tanto los peligros como las presas.

Los perros perciben especialmente bien los movimientos, y son capaces de distinguirlos hasta a distancias de 1.000 metros. Sin embargo, solamente ven con buena definición hasta una distancia de aproximadamente 100 metros. Pero esto varía según las razas. Los perros con cabeza redonda y ojos en posición frontal ven

mejor de cerca que los perros con un cráneo alargado. Los perros que cazan guiándose por la vista, como los galgos, perciben perfectamente cualquier movimiento a distancias aun mayores. Nuestros canes detectan hasta los más leves detalles de nuestros movimientos y de nuestra mímica. Por este motivo, nuestro lenguaje corporal es de gran importancia para poder comunicarnos con el perro (ver páginas 36-39). En las relaciones entre perros también desempeña un importante papel esta capacidad para reconocer hasta los detalles más sutiles (ver págs. 16-20).

Tacto

El perro posee pelos sensoriales situados sobre los ojos, en la mandíbula inferior, en las mejillas y en los labios. Según

(ver páginas 36-39)

SUGERENCIA

Diferencias entre razas

➤ Los galgos suelen cazar en campo abierto. Se guían principalmente por la vista y detectan muy bien cualquier animal que se mueva.

➤ Los sabuesos son capaces de seguir el rastro de un animal herido durante mucho tiempo.

➤ Las perros con el cráneo muy corto (como el pequinés) tienen el sentido del olfato menos desarrollado.

➤ Los perros con las orejas enhiestas suelen oír mejor que los que tienen orejas colgantes.

> *No todos los perros pueden comunicarse igual de bien. Las orejas grandes y colgantes y los labios muy desarrollados dificultan mucho su expresión facial.*

las razas pueden estar presentes solamente en los labios y en las cejas. Al perro le son de gran utilidad para poder orientarse en la oscuridad, pero sin llegar a los extremos que se dan en el gato, que en este aspecto está mucho mejor dotado. El perro percibe a través de la piel sensaciones tales como el dolor, el frío y el calor que se transforman en señales que viajan por el sistema nervioso hasta llegar al cerebro. El que un perro identifique una sensación como agradable, desagradable o dolorosa es algo que varía mucho de uno a otro. Hay perros muy insensibles y otros muy quejicas, con una amplia gama entre ambos.

El contacto físico es muy importante, tanto entre perros (ver pág. 17) como entre el perro y las personas (ver pág. 38).

Gusto

El perro tiene un sentido del gusto tan desarrollado como el nuestro, pero con la salvedad de que a veces encuentra sabrosas algunas cosas que a nosotros nos repugnarían, y viceversa. Pero a la mayoría de los perros les encantaría probar lo que nosotros tenemos en el plato a la hora de comer. En algunos campos los perros tienen un sentido del gusto más desarrollado que el nuestro, o por lo menos distinto. A veces, si les mezclamos en la comida un medicamento que para nosotros no tiene sabor ni olor, comen cuidadosamente alrededor de él sin tocarlo por muy camuflado que esté, aunque se lo hayamos puesto en un trozo de salchicha.

Algunas
razas de perros

Cada perro tiene su propia personalidad.
Al criar las distintas razas se intenta potenciar
tanto su aspecto como sus características
individuales.

> El **Greyhound,** al igual que la mayoría de los galgos, suele llevar la cola entre las patas. A primera vista, esto les indica a sus congéneres inseguridad y miedo, tanto si es cierto como si no.

> Los pliegues del rostro y la posición de la cola del **Shar Pei** expresan confianza en sí mismo, lo cual puede inducir a confusión.

Los **Huskys siberianos** se entienden fácilmente entre sí: orejas enhiestas, expresión normal y cola en posición normal.

Rhodesian Ridgeback: su pelos dorsales «a contrapelo» le dificultan la comunicación.

La expresividad del **Briard** se ve bastante limitada: no le es fácil erizar su largo pelaje y los ojos están prácticamente ocultos.

La cola levantada y las orejas gachas del **Jack Russell Terrier** no son ningún obstáculo para que se haga entender.

Unos labios muy desarrollados y una cabeza corta y llena de pliegues cutáneos: al **Bulldog inglés** no le es fácil comunicarse con sus congéneres.

11

Cuestiones acerca de los sentidos

❓ A mi perra Lady le encanta frotarse contra animales muertos. ¿Por qué lo hace?

Esto es algo que no acaba de estar claro. Lo más probable es que se trate de un primitivo comportamiento de supervivencia con el que el animal intenta enmascarar su propio olor. Así sus presas no lo identificarán tan fácilmente como predador. Pero también podría ser que a algunos perros simplemente les gustase el olor y que lo hiciesen para perfumarse. Cuando un perro se frota contra objetos tales como su cama o un juguete lo hace para impregnarlos de su propio olor. A veces se revuelcan puramente por placer, como por ejemplo en la nieve.

❓ Mi perro César se muestra inquieto, gimotea a menudo y no come, pero por lo demás está perfectamente. ¿Hay alguna explicación para esto?

Es probable que olfatee a alguna hembra en celo en las proximidades. Ahora sólo puede pensar en esto, y el olor lo estresará más o menos en función de lo elevado que sea su nivel de hormonas. Le cuesta mucho concentrarse en otra cosa. Si su perro sufre mucho por esto, es posible que sea necesario castrarlo.

❓ ¿Por qué algunos perros se excitan y hacen castañear los dientes cuando olfatean una marca?

También aquí intervienen las hormonas. La marca procede de una perra en celo que comunica su estado a los machos mediante determinadas sustancias aromáticas que segrega con la orina. Éstos disfrutan al captar este olor y lo paladean intensamente con la lengua.

El Weimaraner es un auténtico perro de caza con instinto de defensa.

? **A veces, cuando saco a pasear a mi perro come excrementos. ¿Por qué lo hace?**

No lo sabemos con seguridad. A algunos perros no les gusta nada hacerlo y a otros les encanta. Algunos perros lo hacen de jóvenes y luego dejan de hacerlo con la edad. En algunos casos puede ser útil darle al perro de vez en cuando un trozo de queso que tenga un olor muy fuerte. También podría ser que al perro le faltasen determinados nutrientes. Es mejor que se lo pregunte a su veterinario.

? **A veces mi perro Arno gruñe o ladra por la noche sin motivo aparente. ¿Por qué lo hace?**

Su perro está alerta y quizá ha oído algún sonido extraño procedente del exterior. Puede ser un gato que merodee por los alrededores o alguien que pase cerca de la casa. Dado que los perros oyen mucho mejor que las personas (ver pág. 7), perciben sonidos que a nosotros nos pasan inadvertidos. También hay que tener en cuenta que muchos perros están más despiertos durante las horas nocturnas y crepusculares que durante el día y que por lo tanto están mucho

más pendientes de todo lo que sucede.

? **Nuestro perro suele olfatear intensamente a la gente que nos visita, incluso en lugares poco decorosos. ¿Por qué lo hace?**

Los perros suelen olfatearse mutuamente en las regiones anal y genital. Y también lo hacen con las personas porque les atrae mucho el olor de las feromonas humanas. Además, los medicamentos y los alimentos también influyen mucho en el olor de la persona haciendo que los perros se interesen aún más por estas sustancias aromáticas.

? **¿Conserva el perro sus sentidos en perfecto estado durante toda la vida?**

No. Al nacer, el cachorro es ciego y sordo. Pero ya puede oler un poco y diferencia el frío del calor. Abre los ojos a finales de la segunda semana y a partir de ese momento se van despertando todos sus sentidos. Al llegar a una edad avanzada éstos vuelven a disminuir. El perro ve peor y su oído ya no es lo que era. Si llamamos a un perro viejo, veremos que a veces le cuesta averiguar de dónde le viene nuestra voz.

MIS CONSEJOS PERSONALES

Katharina Schlegl-Kofler

Ejercitar las facultades de cada raza

Los perros criados especialmente para trabajos concretos suelen tener los sentidos muy desarrollados, como sucede por ejemplo con las razas de perros de caza, de defensa o de vigilancia. Suelen estar deseosos de trabajar y, según las razas, tienen un gran instinto de caza o de presa.

➤ Para poder desfogar ordenadamente su energía, necesitan efectuar trabajos reales, como seguir rastros, jugar a recoger objetos o seguir entrenamientos de agility.

➤ Si su perro es un apasionado de la caza, vaya con cuidado cuando lo saque a pasear e intervenga enseguida, si ve que olfatea el viento o que se concentra mucho en olfatear el suelo.

➤ Impida que su perro persiga a la gente que corre o a los ciclistas. Llámele a tiempo y atraiga su atención hacia usted, por ejemplo con una pequeña golosina.

El lenguaje de los perros

El ABC del lenguaje corporal

Cuando los perros se comunican con sus congéneres o con las personas, lo hacen empleando un amplio repertorio de señales entre las que destaca considerablemente la expresión corporal. Después viene la expresión vocal, seguida de contactos físicos y olores. Cuando el perro quiere comunicar algo no lo hace nunca con una sola señal, sino con una combinación de varias que producen una impresión general. La domesticación y su estrecha convivencia con el hombre hacen que el lenguaje corporal del perro ya no sea tan claro y tan diferenciado como el del lobo. Los etólogos han comprobado que el lobo puede comunicarse mediante casi 60 expresiones de su cuerpo, mientras que al perro Pastor Alemán solamente le quedan 16. El Alaskan Malamute tiene un lenguaje más rico y posee 43 expresiones.

Para poder expresarse, el perro emplea la postura corporal, el pelaje, la mímica facial, las orejas, la cola y los ojos.

Postura del cuerpo

El perro emplea su postura corporal, junto con las otras señales, para mostrar los más diversos estados de ánimo. Tanto si está relajado o alerta, como si quiere lucirse o intimidar, mostrarse agresivo, sumiso o temeroso, el perro dispone de muchas posibilidades para expresarse (ver dibujos de la página 19).

Dominancia: Cuanto más tenso esté el perro, más alerta y despierto estará. Cuanto más rígido mantenga su cuerpo y mayor tamaño intente

1 Relajación

En los perros de pelo largo y orejas caídas, éstas cuelgan relajadas, la boca está ligeramente abierta y se ve parte de la lengua.

2 Intimidación ofensiva

Orejas ligeramente oblicuas hacia delante, boca entreabierta, hocico arrugado y dientes a la vista.

3 Sumisión

Orejas ligeramente hacia atrás, boca cerrada y con los labios algo hacia atrás, la piel del rostro se mantiene lisa.

aparentar, mayor será su dominancia y su confianza en sí mismo. Estira las patas y mantiene la cabeza alzada. Sus movimientos son rígidos y lentos. Si el perro orienta su cuerpo hacia su oponente y clava su mirada en él es señal de que la intimidación va en serio.

Si además eriza el pelo del lomo es que está a punto de atacar. Pero si el otro perro se aparta o se muestra sumiso, la intimidación cesará. Otra forma, menos provocativa, de mostrar su superioridad consiste en apoyar la cabeza sobre el lomo del perro inferior.

Si un perro le muestra su flanco al otro, es señal de que reconoce su superioridad, pero sin perder la autoestima.

Modos de evitar conflictos: Cuando un perro desea evitar entrar en conflicto con otro puede actuar de varias maneras. Puede hacer como si no se diese cuenta de la postura dominante o agresiva del otro. Puede olfatear el suelo o mirar fijamente hacia otro lugar. Con ello no se muestra sumiso, pero consigue evitar la pelea.

Sumisión activa: Cuando un perro desea mostrar sumisión se contrae, repta pegado al

Esta Golden Retriever le está señalando a su cachorro que «Este hueso es mío».

suelo, quiere hacerse pequeño e intenta que el otro se muestre amistoso con él. Para ello mira hacia arriba, golpea al dominante con el hocico o intenta lamérselo a éste. Algunos perros incluso llegan a introducir su hocico en la boca del otro (ver foto de la pág. 27). Levantar una pata delantera también es señal de sumisión.

Sumisión pasiva: En los casos de sumisión pasiva, o de mucho miedo, el perro se estira de espaldas, mira de lado y encoge la cola. Este comportamiento puede estar inducido

RECUERDE

Cuando los perros se pelean

Generalmente los enfrentamientos no son verdaderas peleas y finalizan por sí solos. Pero a veces las cosas pueden ir en serio.

✔ Nunca intente intervenir directamente, los perros podrían morderle.

✔ Ambos propietarios pueden coger a sus perros por las patas traseras y estirar hasta separarlos.

✔ Tire una prenda de ropa sobre cada perro.

✔ Emplee el espray de pimienta.

✔ Moje a los perros con el fuerte chorro de una manguera.

Usted deberá decidir cuál es la solución mejor en cada momento y circunstancia.

por un congénere dominante o agresivo, o también por una persona.

Miedo y estrés: Encoger el cuerpo también puede indicar miedo o estrés (ver foto de la pág. 48). Pero el perro suele recuperarse rápidamente ya que generalmente no dirige su mensaje a otro ser en concreto.

Orejas

Las orejas también tienen una expresividad muy importante:

➤ Las orejas dirigidas hacia delante son un signo de atención y alerta. El perro está relativamente tenso.

➤ Si las orejas están muy proyectadas hacia delante o ligeramente oblicuas hacia los lados son una clara señal de agresividad.

➤ Si están caídas hacia atrás denotan la sumisión del perro. En función de cuáles sean las otras señales, pueden indicar sumisión o también una mezcla de miedo y agresividad.

➤ Cuando el perro se siente feliz (ver pág. 49) adopta una postura amistosa y relajada con las orejas hacia atrás.

Expresión facial

Cuando el perro está relajado puede tener la boca ligeramente abierta y la lengua a la vista manteniendo el rostro liso. Pero si el perro enseña los dientes siempre es señal de una seria advertencia. Si es una muestra de miedo o de agresividad lo reconoceremos por las comisuras de los labios. En caso de intimidación agresiva, las comisuras de los labios serán cortas. Si el perro intimida por miedo o por inseguridad, las comisuras serán estrechas y se prolongarán hacia atrás. La intimidación será más seria cuanto más dientes y encías muestre y cuanto más abra la boca. A medida que aumente su agresividad, también arrugará más la piel del hocico. En estos momentos

➤ *La mirada y la posición de las orejas y de la cola indican una postura agresiva, pero mezclada con algo de inseguridad (comisura de los labios y lengua fuera).*

es fácil que el animal se lance a morder.

Ojos

El perro también se expresa con la mirada. Una mirada fija con los ojos muy abiertos es una clara intimidación. Si el perro desvía la mirada puede ser señal de sumisión o una expresión de inseguridad. Parpadear también es una señal para apaciguar a sus congéneres. Cuando el perro se rinde del todo, como en el caso de la sumisión pasiva (ver pág. 18), sus ojos se transforman en pequeñas rendijas.

Cola

La cola es un medio de comunicación muy importante y siempre hay que observarla en relación con el resto de sus expresiones. Por ejemplo, el mover la cola no siempre significa que el perro esté contento (vea mis consejos personales, pág. 57). Por regla general, cuanto más levantada esté la cola, mayor es el grado de seguridad en sí mismo, y cuanto más la baje, mayor es su grado de sumisión o su miedo.

Atención

El perro ha visto, oído u olfateado algo: tiene la cola ligeramente alzada, la boca cerrada, las orejas orientadas hacia delante y mantiene una postura ligeramente tensa.

Intimidación agresiva

Este perro está en postura amenazante e intenta aparentar mayor tamaño. Se mantiene en postura erecta y con la cola levantada. Eriza el pelo del lomo, proyecta las orejas hacia delante, arruga el hocico y enseña los dientes.

Agresividad causada por el miedo

Este perro se muestra agresivo y encoge el cuerpo, retrae las orejas hacia atrás y eriza el pelo del lomo. Mantiene la cola encogida y muestra los dientes retrayendo la comisura de los labios.

Sumisión

Cuando un perro se rinde y muestra sumisión intenta hacerse pequeño. Encoge las patas, levanta una de las anteriores, retrae las orejas y coloca la cola hacia abajo. Lame en dirección a su oponente.

19

El lenguaje corporal y lo que se oculta detrás de él

Postura del perro	Expresión corporal y significado
Postura relajada	La cola está en la posición típica de su raza, el rostro está relajado, la boca puede estar ligeramente abierta, las orejas están ligeramente proyectadas hacia delante.
Posición de prestar atención	Cola ligeramente levantada, boca cerrada y orejas bien orientadas hacia delante. En general, la postura del cuerpo está ligeramente tensa.
Ligera dominancia	La cola más en alto de lo habitual, orejas claramente hacia delante o hacia los lados, pelo del lomo ligeramente erizado, patas rectas, movimientos algo rígidos.
Agresividad de intimidación	Cabeza y cola en alto, orejas claramente hacia atrás o hacia los lados, patas estiradas, pelo del lomo erizado. El perro gruñe y enseña los dientes manteniendo las comisuras de los labios cortas y redondeadas, se mueve con rigidez.
Sumisión	Orejas retraídas, cola hacia abajo y postura ligeramente encogida. El perro dirige la cabeza hacia abajo, lame a veces el aire y mantiene las comisuras de los labios estiradas hacia atrás.
Inseguridad	Orejas muy retraídas, cola entre las patas posteriores, pelo del lomo erizado, cuerpo encogido, comisura de los labios fina y muy retraída hacia atrás.
Agresividad defensiva	Cuerpo encogido, cola entre las patas, orejas muy pegadas a la cabeza y pelo del lomo erizado. El perro gruñe y enseña los dientes manteniendo las comisuras de los labios largas y hacia atrás.
Miedo / estrés intenso	Cuerpo encogido, cola hacia abajo o entre las patas, ritmo respiratorio acelerado, el perro puede temblar o gruñir. Orejas hacia atrás, comisura de los labios estirada hacia atrás. Al perro le asustan los ruidos, objetos y situaciones que no conoce y prefiere huir o mostrarse sumiso.
Jugar	Movimientos muy intensos, saltos, piruetas, gran actividad. Si gruñe o amenaza lo hace solamente para jugar, no va en serio.
Bienestar	Duerme acostado de espaldas, se estira a gusto después de una siestecita, se sacude al despertar o se divierte retozando en el suelo.
«Reír»	Algunos perros, cuando se alegran mucho de ver a alguien, enseñan los dientes superiores. Esto no tiene nada que ver con la agresividad, sino que es una señal de amistad.

Comprender los juegos de los perros

Los perros son animales gregarios a los que les gusta mucho jugar, especialmente cuando son jóvenes. Muchos perros disfrutan jugando durante toda su vida. Juegan de modos muy distintos y no a todos les gusta el mismo juego. Algunos juegan en silencio mientras que otros son más escandalosos y lo hacen ladrando y gruñendo. No es raro que el juego se endurezca hasta el punto de que el dueño se pregunte si el asunto no va en serio (foto de la derecha).

Durante el juego, los perros muestran todo tipo de pautas de comportamiento, sin que éstas tengan que coincidir necesariamente con la realidad. Un perro puede poner cara de agresividad, pero sin apoyarla con todo el resto de expresiones corporales que implican una actitud positiva, y saltar feliz en busca de su compañero de juegos. Sus juegos son muy movidos y a veces pueden parecernos más duros de lo que realmente son.

Tipos de juegos: A los perros les encanta jugar a perseguirse, alternando los papeles de perseguidor y perseguido. También disfrutan jugando a luchas en las que se sujetan por los cuartos traseros, se revuelcan o se «muerden» en la nuca o en las patas. Se divierten mucho enfrentándose y se alternan los papeles de dominante y sumiso.

Invitación al juego: Cuando un perro quiere animar a otro para que juegue con él puede hacerlo de los modos más diversos. Generalmente apoya la parte anterior del cuerpo contra el suelo y extiende las extremidades anteriores hacia delante a la vez que levanta la parte posterior (ver foto de las págs. 46-47). Pero también puede brincar o sacudir la cabeza de un lado a otro con tal de animar a su compañero a jugar.

El juego como entrenamiento: Para los perros, el juego no es solamente diversión, sino que les sirve para conocer mejor su cuerpo y entrenarlo. Para los cachorros es especialmente importante jugar con los de su edad. Así es como aprenden el lenguaje de los perros y practican todo tipo de pautas de comportamiento. También aprenden a comportarse con los demás. Si un cachorro muerde con demasiada fuerza o juega muy a lo bruto, el otro se defenderá. O puede ser que ningu-no quiera jugar con él. Incluso es posible que su madre le enseñe a comportarse cogiéndolo por el cuello o por el hocico (ver págs. 14/15).

Cuando el juego pasa a mayores: Con los perros adultos puede suceder que lo que empezó como un juego acabe en serio, y puede tener varias causas. Puede ser que uno de los perros haya entendido mal algo, que no domine el «lenguaje canino» o que de repente se haya sentido humillado. En algunos casos incluso es posible que un perro sea incapaz de jugar y se lo tome todo en serio.

A veces, cuando los perros juegan entre sí pueden acabar haciéndolo con violencia.

¿Qué quieres decirme?

El hecho de que los perros tengan aspectos tan distintos se debe a la intervención humana. Así como todos los lobos se parecen mucho en cuanto a constitución física, tipo de pelaje, rostro, forma de las orejas y cola, entre los perros domésticos encontramos más de 300 razas. Son el resultado de una reproducción selectiva realizada por el hombre según sus gustos y necesidades para potenciar el aspecto o las facultades de los animales. En muchos casos se ha alterado o disminuido la capacidad de comunicación de los perros.

Comunicación con obstáculos

Para que el perro pueda comunicarse con sus congéneres, ha de ser capaz tanto de expresarse como de reconocer las expresiones de los demás. Y no todas las razas están igualmente capacitadas para ello.

Pelaje: Aquí pueden tener problemas aquellos perros que tienen la cara cubierta por una densa capa de pelo. Además, un pelo largo y apelmazado es imposible de erizar (ver foto de la izquierda). El Rhodesian Ridgebacck, por el contrario, tiene el pelo del lomo siempre erizado porque se creó la raza para que tuviese una franja longitudinal «a contrapelo».

Orejas: Las orejas también pueden complicar mucho las

> *Las posibilidades de expresión del Komondor son bastante limitadas. Pero su pelaje es una excelente protección contra posibles agresores.*

> Aprender el lenguaje canino: los cachorros tienen que conocer perros con un aspecto muy distinto al suyo. Así practican la comunicación.

cosas. Los perros con orejas enhiestas se hacen entender fácilmente, pero a los de orejas caídas ya les es más difícil comunicarse. Cuanto más largas y pesadas sean las orejas, menos claro será el mensaje (ver foto de la pág. 9).

Hocico: Cuanto más grandes sean sus labios, más difícil le será al perro expresarse mediante la comisura. Los labios pesados y colgantes no se pueden retraer o encoger.

Rostro: Los perros con una expresión facial más o menos «compleja», como el Boxer alemán, el Mops (ver pág. 8) o el Pequinés, no pueden expresarse tan bien como aquellos que tienen un cráneo de forma normal.

Cola: Puede haber sido modificada por selección genética o por vía quirúrgica. Afortunadamente, cada vez hay más lugares en los que no está permitido cortar colas salvo en casos muy concretos. Una cola cortada o vestigial de nacimiento hace que al perro le resulte prácticamente imposible comunicarse. Pero las colas en posiciones antinaturales también les pueden crear problemas. Cuando un perro «normal» está relajado tiene la cola caída, pero no entre las patas. Sin embargo, muchos galgos la colocan entre las patas cuando están en «posición normal» (ver foto pág. 10 izq.). Otras razas, como el Beagle, la tienen siempre levantada. Pero esto no implica que todos los galgos se sientan inseguros ni que todos los Beagle rebosen autoestima.

SUGERENCIA

Días de juegos para cachorros

Para evitar problemas de comunicación con sus congéneres es necesario que el perro desde pequeño conozca a otros de otras razas de aspecto distinto al suyo. Para ello se pueden organizar grupos de juegos para cachorros. En uno de estos grupos podrá haber de seis a ocho cachorros de distintas razas y mestizos. Los cachorros que participen en estas sesiones deberán tener entre nueve y dieciséis semanas de edad y habrán pasado ya por lo menos una semana con sus nuevos dueños.

«Guau» en todas sus variantes

Expresión vocal

El lenguaje vocal de los perros incluye ladridos, gruñidos, gemidos, lloros y también aullidos. Para poder interpretarlo correctamente hay que observar también su expresión corporal en ese momento y la situación actual del animal. No todos los perros son igual de «habladores». Esto es algo que varía de un animal a otro y que también depende en parte de su raza. Así, por ejemplo, los perros que se crían para trabajos de vigilancia suelen ladrar más que los perros de caza que tienen que procurar ser silenciosos para no ahuyentar a su presa.

Ladridos

Cuando el perro ladra suele ser señal de que hay algo que le excita. Cuando más rápidamente ladra, más excitado está. Cuanto más profundo sea el ladrido, más amenazador resulta. Algunos perros también ladran como señal de inseguridad. Los ladridos pueden estar formados por una sucesión de distintos tonos.

El ladrido también puede ser una forma de incitar al juego a otro perro o a una persona. Pero los perros también pueden ladrar para llamar la atención hacia sí mismos o hacia otra cosa. Algunos se vuelven especialmente «parlanchines» cuando se acerca la hora de comer o de salir a pasear. Cuanto más ladran la mayoría de los perros es cuando su instinto de defensa les indica que hay algún extraño que se aproxima a su territorio. Algunos perros también ladran de alegría y felicidad para saludar a alguien.

Gruñidos

El gruñido siempre es una señal de alarma. Los perros gruñen tanto como señal de agresividad como para mostrar que están dispuestos a repeler una posible agresión. Cuanto

La mayoría de los perros no aúllan. A algunos les excitan determinados estímulos externos y lo hacen igual que sus antepasados.

más grave y profundo sea el gruñido, más dominante y seguro de sí mismo es el perro. El gruñido también puede ir mezclado con ladridos (ver recuadro de la pág. 27).

Gemidos

El perro recurre al gemido para expresar alegría, estrés, excitación, impaciencia, malestar, aburrimiento, soledad o dolor. Cuanto más sonoro sea, peor se encuentra el perro. En caso de dolores súbitos o agudos el perro llora o chilla con fuerza.

Lloros

El lloro suele ser un refuerzo del gemido. Los perros que no han aprendido a estar solos, por ejemplo, empiezan a gemir y llorar en cuanto se quedan solos en casa.

¿Domina el lenguaje de los perros?

	Sí	No
1. Usted está sentado en el sofá junto a su perro. Éste se aprieta contra usted, le coloca la cabeza sobre el brazo y le mira directamente a los ojos. El orden jerárquico no está claro. ¿Está intentando echarle del sofá?	☐	☐
2. Dos perros que no se conocen se encuentran y empiezan a dar vueltas uno alrededor del otro con la patas rígidas pero moviendo ligeramente la cola. ¿Se muestran amistosos?	☐	☐
3. Durante su ausencia su perro le ha destrozado los zapatos. Al llegar a casa ve lo que ha pasado y le riñe. El perro se encoge, mete la cola entre las patas y baja las orejas. ¿Sabe que ha hecho algo malo y tiene remordimientos por ello?	☐	☐
4. Un perro intimida inclinando las orejas hacia atrás, erizando el pelo del lomo, enseñando los dientes y bajando la cola. ¿Les está mostrando a sus congéneres que es él el que manda?	☐	☐

Evaluación: Pregunta 1 Sí, ver págs 42-43; pregunta 2 No, ver pág. 17; pregunta 3 No, ver pág. 38; pregunta 4 No, ver pág. 20

Aullidos

La principal función del aullido es la de mantener unida a la manada. Al contrario que los lobos, que apenas ladran, los perros aúllan muy poco. Las razas nórdicas son las que más aúllan, como sus antepasados. Algunos perros pueden sentirse inducidos a aullar mediante determinados estímulos acústicos. Por ejemplo, cuando oyen el repicar la campana de la iglesia o la sirena de un coche de policía.

También es posible que el perro empiece a aullar si su dueño lo hace imitando a un lobo.

Otros sonidos

Nuestros fieles compañeros también incluyen en su repertorio otros sonidos que emplean para hacerse entender.

Resoplidos: Algunos perros resoplan casi como un caballo cuando quieren saludar amistosamente a una persona o a un congénere al que aprecian especialmente.

Jadeos: Muchos perros jadean a fondo cuando regresan de un largo paseo y vuelven a estar cómodamente instalados en su cama. Pero esta expresión vocal también puede denotar frustración, por ejemplo cuando el perro quiere jugar y nadie le hace caso.

Gruñidos sonoros: Los perros que para saludar a su amo se le acercan llevando algo en la boca, como hacen muchos Retriever, suelen emitir unos gruñidos muy sonoros. Algunas personas creen que se trata de un gruñido agresivo, pero su expresión corporal deja claro que se trata de una muestra de afecto y amistad (ver tabla de la pág. 20).

Expresión vocal en sueños: Cuando un perro duerme puede emitir todo tipo de sonidos: gruñe, gime, ladra. Pero todos esos sonidos se perciben atenuados o «ahogados». También suelen sacudir las patas y los labios y hacen girar sus ojos cerrados. Sin embargo, los sonidos que emiten en sueños no significan ningún tipo de comunicación.

Comunicación a través del contacto físico

En nuestros perros, al igual que en los lobos, el contacto corporal también desempeña un papel muy importante. Tanto para reforzar las relaciones como para saludarse, para jugar y, naturalmente, para dejar muy claro el orden jerárquico.

Reforzar relaciones: Para reforzar sus relaciones, los perros se mordisquean y se lamen. Cuando se lamen suelen hacerlo en el hocico, pero también es frecuente que se laman las orejas. Otra forma de contacto físico para reforzar la relación consiste en estirarse juntos o dormir uno junto al otro (ver pág. 32). Un ligero roce sobre el hocico siempre es una gran señal de amistad. El perro que le lame el hocico a otro muestra un cierto grado de sumisión.

Saludo: Los perros que se aprecian mutuamente suelen lamerse el hocico para saludarse. A veces incluso puede suceder que uno introduzca su hocico en la boca del otro (ver foto de la pág. 27). Puede parecer una agresión o una intimidación, pero no lo es.

Juegos: Durante el juego también se producen distintos contactos físicos. A muchos perros les gusta jugar empujando al otro con sus propios cuartos traseros. A otros, es-

> *Este cachorro está muy seguro de sí mismo y se acerca a saludar a un perro adulto.*

El Husky tiene plena confianza cuando introduce su hocico en la boca de su compañero de rango superior. Así se estimula la cohesión de la manada.

pecialmente a los cachorros, les encanta sujetarse por la nuca y rodar juntos.

Orden jerárquico: El contacto físico también se emplea para dejar muy claro el orden jerárquico. Por ejemplo, apoyar la cabeza o montarse. La huida y el sujetarse por el hocico también entran en esta categoría. Según la situación puede tener una duración más o menos larga y ser más o menos intensa. El perro dominante suele gruñir con frecuencia. Pero nunca herirá a sus congéneres, incluso si hay algunos cachorros gimoteando por medio.

Entre el hombre y el perro: El contacto físico desempeña un papel muy importante en la relación entre el perro y el hombre (ver pág. 38). Pero no todos los perros son igual de mimosos. Si el orden jerárquico no está claro o el perro tiene una autoestima muy acusada, es probable que evite el contacto físico y que incluso no le guste que lo cepillen. Los perros que han sufrido malas experiencias con la gente o que tienen miedo de las personas no suelen disfrutar de su compañía y si se los toca se sienten amenazados.

(ver pág. 38)

RECUERDE

Aprendizaje para humanos

Ladridos
✔ «¡Aquí hay algo, ven enseguida!»

Ladridos constantes y profundos
✔ «¡Hay un intruso!»

Un sólo ladrido, posición de alerta
✔ «¿Qué es esto?»

Un sólo ladrido seguido de un saludo amistoso
✔ «¡Hola!»

Un sólo ladrido con el pelo del lomo erizado
✔ «Por algún motivo me resultas desagradable»

Un sólo ladrido, pero muy sonoro
✔ «¡Quiero salir al jardín!» o bien «¡Dame algo de lo que estás comiendo!»

Gruñidos profundos seguidos de ladridos
✔ «¡Cuidado! Déjame en paz o te plantaré cara»

Gruñidos en un tono agudo
✔ «Tengo miedo, pero si es necesario sabré defenderme»

Gemidos
✔ «Me aburro» o «No me encuentro bien» o «Estoy contento de volver a verte»

Aullidos
✔ «Me siento muy solo»

Aullidos muy sonoros
✔ «Ay, esto me ha dolido»

Importante: ¡No se olvide de observar también el lenguaje corporal de sus perros!

27

Mensajes olorosos

Por desgracia, existe un ámbito de la comunicación canina que nos es muy difícil de apreciar debido a que carecemos de las facultades necesarias para ello.

Al contrario de lo que sucede con sus otras formas de comunicación, los perros disponen de un método para dejar y recibir mensajes en el que no es necesario que la otra parte esté presente. Los mensajes de olor están formados principalmente por trazas de orina y excrementos.

Glándulas olorosas

El perro posee distintas glándulas olorosas que pueden transmitir sus correspondientes señales. Las más conocidas son las glándulas anales situadas cerca del ano. Cuando el animal defeca, estas glándulas también se vacían y dejan un aroma específico. Al igual que los lobos, algunos perros poseen glándulas olorosas en el rostro cuyas secreciones proporcionan determinadas informaciones aromáticas que se transmiten cuando los animales las «leen» al olfatearse el rostro como saludo. En la base de la cola también poseen otra glándula olorosa. Los olores le proporcionan al perro una gran cantidad de información, como por ejemplo acerca del sexo, del nivel jerárquico, de si se trata de un cachorro o de un adulto, o de si el otro perro es amigo o enemigo.

Marcas

Todos los propietarios de perros han visto a su fiel compañero «leyendo» las marcas dejadas por otros perros. Los perros empiezan a dejar marcas cuando alcanzan la madurez sexual, lo cual sucede al segundo año de vida. Los machos empie-

Este perro está analizando el olor de la perra dálmata. ¿Estará en celo?

SUGERENCIA

Celo

Cuando una perra está en celo hay que tenerla muy controlada, incluso en el propio jardín de casa. Durante los días en que está receptiva, la perra no duda en buscarse un macho. Para evitar una concentración de pretendientes a la puerta de casa, lo mejor es que cuando la saque a pasear efectúe la primera parte del recorrido en coche. Así evitará que el rastro oloroso conduzca directamente a su casa. Los propietarios de perros (machos) que tengan una perra en celo por los alrededores también deberán controlarlos mucho para evitar que se fuguen a la primera ocasión que se les presente.

1 Dejando una marca

Este West Highland White Terrier intenta dejar su marca de orina a la mayor altura posible. Así los demás no podrán pasar por alto su mensaje y es más difícil que puedan «escribir» algo encima. Quiere que todos se enteren de que estuvo aquí.

2 Esparcir la marca

Para mejorar las cosas, cuando ya ha acabado de hacer sus necesidades rasca fuertemente el suelo para esparcir las partículas aromáticas todo lo posible por el entorno. Así se asegura de que su mensaje no le pasará desapercibido a ningún perro y que si pasa alguna hembra en celo se enterará de quién es él.

zan a levantar la pata al orinar. Y no evacuan toda la orina de una vez, como hacen los cachorros y los perros muy jóvenes, sino que la reparten en pequeñas porciones a lo largo del camino. Cuanto mayor sea la autoestima de un perro, más levantará la pata al orinar. Así consigue que su orina llegue a la mayor altura posible, por ejemplo sobre una roca o en el tronco de un árbol, de modo que no sea fácil que otro le ponga su marca encima. Las perras orinan agachadas, aunque hay algunas que también levantan una de las patas traseras. Esto suele estar relacionado con la dominancia del animal. Cuando la perra entra en celo deja marcas de orina por todas partes para avisar a sus posibles pretendientes de que se encuentra disponible (ver sugerencia de la pág. 28). El olor de la orina varía según las fases del celo.

Los perros también emplean las marcas de orina y excrementos como orientación. Aquellos que acostumbran a enterrar huesos u otros objetos suelen dejar una marca de orina sobre el lugar para luego poder encontrarlo con mayor facilidad.

Escarbar

Cuando el perro acaba de dejar una marca es frecuente ver que rasca enérgicamente el suelo tanto con las patas traseras como con las delanteras (ver foto de arriba). Probablemente lo hacen para esparcir el olor de su marca por el entorno y hacer que sus congéneres se enteren de ello. Cuanto más dominante sea el animal, con más fuerza esparcirá su marca.

Aprenda a interpretar el comportamiento
de los perros

¿Domina el lenguaje canino? Aquí descubrirá lo que los perros quieren expresar con su comportamiento **?** y cómo tiene que actuar usted en cada ocasión **→**.

> Este perro gruñe y enseña los dientes de forma amenazadora
>
> **?** La advertencia va en serio, tanto si se trata de una actitud de ataque, de defensa o, como en este caso, mixta.
>
> **→** Desvíe la mirada, no haga movimientos bruscos y aléjese de él lenta y tranquilamente.

> Tres Bearded Collie juegan tirando de la misma cuerda.
>
> **?** En estos casos pueden surgir peleas para quedarse con el juguete.
>
> **→** Si los perros no se conocen, o si uno de ellos tiene un marcado instinto de caza, será mejor que les quite el juguete.

Estos perros se divierten jugando, pero lo hacen de un modo un poco violento.

? Cada perro juega a su manera. Algunos lo hacen con dureza sin que por ello tenga que pasar nada malo.
→ Si ambos perros saben comportarse, déjelos disfrutar.

La perra marrón juega a dejarse dominar.

? La cola y la mirada de la perra nos indican que está relajada. El otro perro no muestra ninguna agresividad y sólo quiere jugar.
→ Deje que sigan jugando.

Este Deerhound está sujeto con la correa y bosteza.

? Probablemente le gustaría ir con otro perro, pero tiene que permanecer sentado. El bostezo es una señal de conflicto interior.
→ Insista en que debe permanecer sentado.

Este perro baja la cabeza y se lame el hocico.

? Hay algo que le produce inseguridad, quizá alguna persona extraña.
→ Distráigalo con algo. Si se acerca alguien será mejor que guarde las distancias.

31

Cuestiones acerca del lenguaje corporal y vocal

? **Cuando saco a pasear a mi perro Napoleón, deja marcas por todas partes. ¿He de dejar que lo haga?**
No. En principio no ha de dejar marcas cuando se le da una orden. Sólo ha de hacerlo cuando esté suelto. Si su Napoleón es muy dominante es mejor que no le deje marcar demasiado.

? **¿He de dejar que mi perro «lea» las marcas de los demás durante todo el rato que quiera?**

Si su perro va suelto, entonces sí. Si lo lleva sujeto con la cadena pero no le ha dado ninguna orden también puede dejar que olfatee. Pero no deje que le «arrastre» tirando de la correa, y tampoco es necesario que espere hasta que haya acabado de olfatear. Siga caminando en cuanto le apetezca. Si su perro está obedeciendo alguna orden deberá ignorar las marcas olorosas.

? **Cuando se reúne un grupo de cachorros, ¿hay**

que dejar que hagan lo que quieran?
No. En algunos casos, es necesario que intervenga el dueño o el organizador del grupo. Por ejemplo, cuando uno siempre es el más fuerte y otro siempre el más sumiso, o si un cachorro siempre es molestado por los demás. Si no se les educa ahora nunca aprenderán a comportarse con sus semejantes.

? **¿Por qué mi perro Argon «se aplasta» contra el suelo cuando ve que se acerca otro perro?**
Es un comportamiento característico de los perros que se muestran prudentes ante sus semejantes. Así intentan pasar desapercibidos. Si se da cuenta de que su congénere es un viejo compañero de juegos saldrá corriendo hacia

Descansar juntos potencia la relación de amistad.

él. Si el otro es un perro dominante, el prudente seguirá estirado o se pondrá de costado o de espaldas en señal de sumisión.

Cuando dos perros se reconocen desde lejos es posible que ambos «se aplasten contra el suelo» y esperen hasta que uno de los dos inicia el juego de las persecuciones.

❓ ¿Por qué algunos perros se amenazan salvajemente a través de la valla del jardín?

Desde detrás de la valla pueden amenazarse con la máxima violencia sin correr el riesgo de tener que pelearse en serio. Como mucho pueden acabar con algún que otro mordisco en el hocico. Procuran «no fijarse» en posibles agujeros de la valla y no aprovechan su baja altura para saltarla y enfrentarse mutuamente. Los perros que se amenazan a través de una valla suelen ignorarse totalmente cuando coinciden en algún lugar paseando sujetos con la correa.

❓ ¿Por qué mi perrita Lady ladra tanto y la de mi amiga apenas lo hace?

Esto depende en parte de la raza. Los perros de vigilancia tienen que avisar a las personas cuando perciben algo extraño, por lo que son más «parlanchines». En cambio, los perros de caza tienen que ser muy silenciosos porque de lo contrario ahuyentarían a los animales. Usted puede estimular la actitud de su perro dándole una pequeña gratificación cuando haga lo que usted desea.

❓ Me gustaría tener un segundo perro. ¿Qué he de tener en cuenta?

Para evitar problemas de rango es mejor que el segundo perro sea mucho más joven que el primero y, a ser posible, que no sea dominante. Al primer perro deberá tratarlo como si su rango fuese el superior de ambos. Comerá primero, pasará por la puerta antes que el pequeño. Para que se lleven bien deberá pasar mucho rato con cada uno de ellos. Si saca a pasear a dos o más perros de una «manada» deberá tener mucho más cuidado que si sólo lleva uno, ya que «en manada» pueden reaccionar de un modo distinto. Si sus perros alteran su orden social, respételos. De todos modos, el «jefe de la manada» siempre seguirá siendo usted.

Katharina Schlegl-Kofler

MIS CONSEJOS PERSONALES

Para evitar conflictos

➤ Si dos perros se van a visitar en sus respectivos territorios es mejor que el primer contacto lo establezcan en una «zona neutral».

➤ Si durante el paseo se encuentran varios perros, recoja los juguetes y golosinas.

➤ Si se le aproxima un perro suelto y «desconocido», procure esquivarlo. De lo contrario, suelte a su perro de la correa y siga paseando.

➤ Mientras lleva a su perro con la correa, éste no deberá tener contacto con sus congéneres.

➤ Si dos perros se dan vueltas mutuamente, apártese. Si se pone nervioso o les grita es posible que acaben peleándose.

➤ Los perros peligrosos solamente pueden salir a pasear si llevan el bozal puesto.

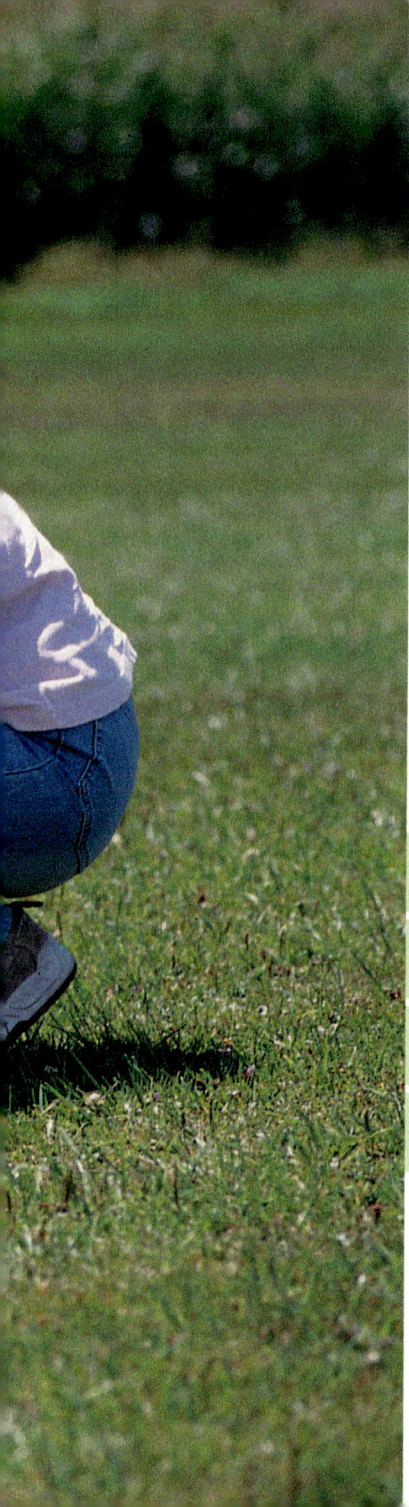

Cómo nos comprenden los perros

Aprender el lenguaje de los perros

Para que el perro nos entienda, tenemos que comunicarnos con él en su propio lenguaje. Para ello podemos recurrir al lenguaje corporal, al contacto físico y a la voz. Lo único que no podemos hacer es marcar voluntariamente con olores. Pero él sí que percibe nuestro olor. Para evitar confusiones procure combinar adecuadamente el lenguaje corporal con la voz y el contacto físico.

Lenguaje corporal y contacto físico

Para que la comunicación con su perro funcione bien, es necesario que éste le acepte como su «jefe de manada». Trate a su perro con seguridad y con superioridad y éste no tardará en darse cuenta de quién es el jefe. Si usted se muestra inseguro o tiene dudas acerca de lo que le quiere comunicar al perro, éste lo detectará inmediatamente fi-

jándose en pequeños detalles de su expresión corporal. Según su carácter, aprovechará la debilidad de la persona para ignorarla, se impondrá o se sentirá inseguro.

A continuación encontrará algunos ejemplos de cuándo puede emplear la expresión corporal y el contacto físico. En la vida cotidiana y en el entrenamiento se dan muchas otras circunstancias en las que se puede recurrir a estos elementos.

Ejercicios de obediencia

➤ Si se aparta del perro, esto le animará a seguirle. Pero si avanza hacia él, se sentirá inhibido. (Un perro desconocido podría interpretarlo como una amenaza.) Para que el perro se acostumbre a venir, aléjese de él y llámelo. Con los cachorros y perros muy jóvenes es mejor agacharse y cogerlos en brazos. Si uno se enfada con ellos no vienen, o lo hacen temblando y atemorizados.

➤ Supongamos que usted ha conseguido enseñar a su perro que se quede sentado en un lugar a algunos metros de distancia. Si se levanta sin permi-

> *Éste es el modo correcto de aproximarse a un perro desconocido. Si se muestra amistoso e interesado podrá acariciarlo.*

> *Caminar a buen ritmo y hablarle en el tono adecuado hace que el perro se sienta seguro y le anima a acompañar a su dueño.*

so y viene hacia usted, podrá frenarlo dirigiéndose directamente hacia él.

➤ Durante el paseo, el perro olfatea intensivamente la marca dejada por otro y no quiere seguir. Su dueño tensa la correa y le pide que siga caminando de una vez. ¿Pero por qué deberá caminar él si su dueño no lo hace? Por lo tanto, siga caminando con determinación y su perro le seguirá.

➤ Lo mismo sucede con ir al paso. Si uno da la orden al perro pero no se pone a caminar, el animal seguirá esperando. Pero si usted mira en la dirección en que quiere ir y se pone a caminar con determinación, el perro le seguirá. Y

para mantener su atención es necesario caminar a buen ritmo y ponerle algo de «salsa» al ejercicio. Si usted se mueve de un modo lento y perezoso, no se sorprenda de que su perro pierda todo el interés y prefiera olfatear el suelo.

➤ Tenga muy en cuenta si lo que desea transmitir a su perro es «tranquilidad» o «acción». Si el perro es muy temperamental o muy nervioso, es importante que a usted no se le contagie su modo de ser y que lo trate con la máxima calma. Con los perros tranquilos y flemáticos sucede al contrario: hay que motivarlos y animarlos.

Importante: Dosifique bien la tranquilidad y la acción, y

emplee cada cosa en su momento. Si el perro ha de acostarse o permanecer tranquilamente sentado, muévase con calma y de modo que le transmita mucha tranquilidad. Si ha de mostrarse activo o quiere que preste atención a algo, vuelva a poner un poco de «acción» en el ejercicio.

Guiar mediante el lenguaje corporal: Los perros también pueden aprender rápidamente las señales de orientación:

SUGERENCIA

Cómo aproximarse a un perro desconocido

➤ Evite mirarle directamente a los ojos.

➤ Camine lentamente y no se dirija directamente hacia el animal.

➤ Háblele en un tono suave y cariñoso.

➤ Si le es posible, llámelo por su nombre.

➤ Si el perro se muestra amistoso, déjele que le huela la mano.

➤ No le dé ninguna golosina sin consultar antes a su dueño.

➤ Si no muestra ningún interés, gruñe y/o tiene miedo, déjelo tranquilo.

➤ A los perros a los que les gusta correr detrás de una pelota les basta con fijarse en la posición de la persona para saber exactamente en qué dirección va a volar su juguete.

➤ Si se orienta la mirada y el cuerpo en una determinada dirección, el perro también se orientará hacia allí. Según su

> *Si se conocen bien, los niños y los perros pueden ser muy buenos amigos.*

entrenamiento, aprenderá a interpretar las señales que le demos con los brazos y a correr en esa dirección. Esto es lo que tienen que aprender los perros de caza y los que participan en ciertos deportes.

Mímica: Los perros interpretan los gestos faciales de un modo similar a las personas.

➤ Si usted mira fijamente a un perro manteniendo los ojos muy abiertos y con una expresión seria, éste no lo interpretará precisamente como un comportamiento amistoso.

➤ Esquivar la mirada también significa para nosotros inseguridad y sumisión.

➤ Si usted le habla tranquilamente al perro, éste sentirá una sensación de amistad y tranquilidad.

➤ Pero la mirada (ojos y cejas) también puede transmitir tensión e inquietud: por ejemplo, antes de prepararse para salir de paseo. El perro se fija en su dueño y percibe algo así como «¡Ajá! ¡Ahora se pone interesante!». Su perro solamente sabrá lo que espera de él si se concentra totalmente en usted.

➤ Si el perro ha de ser reñido, destaque la situación poniendo una expresión severa.

Contacto físico: Aquí se incluyen aspectos positivos como acariciar o retozar juntos, pero también medidas disciplinarias tales como coger al perro por la piel de la nuca (sin sacudir) o por el hocico.

➤ A la mayoría de los perros les encanta que su persona de confianza les rasque y les acaricie la cabeza y el cuerpo, y es algo que además les transmite una gran sensación de seguri-

SUGERENCIA

Felicitación y castigo

➤ El perro siempre relacionará ambas reacciones con lo último que ha hecho.

➤ Para que el entrenamiento sea efectivo siempre hay que felicitarlo o reñirle inmediatamente después de hacer lo que le tocaba.

➤ Como felicitación puede darle una pequeña golosina, acariciarlo o jugar con él. Los comportamientos indeseables pueden castigarse cogiéndolo por el hocico, hablándole en un tono severo o mediante un «castigo caído del cielo». (Por ejemplo, cuando intenta robar algo de la mesa cae estrepitosamente al suelo la tapa de una olla que ya habíamos preparado de antemano.)

> ¡Así no! La dueña deja que su perro siga un rastro y espera hasta que ha acabado de olfatearlo. Así el perro aprende que si estira lo suficiente siempre alcanzará sus propósitos.

dad. También les gusta mucho que les rasquen la barriga y las orejas. Si el perro ha hecho algo bien, rascarle y acariciarle es una buena forma de felicitarlo por su acción.

➤ A los cachorros les encanta descansar junto a su dueño. Pero a los perros adultos también les gusta mucho el contacto corporal. Descansar juntos después de jugar o pasear refuerza los lazos de unión entre hombre y perro y puede ser muy relajante para ambos.

➤ El cepillado también ejerce una acción muy positiva. Por ello es aconsejable cepillar con frecuencia incluso a aquellos perros que realmente no lo necesitan.

Otras señales: Los perros nos observan muy atentamente y aprenden a relacionar por sí mismos determinados actos con determinadas situaciones. Así, por ejemplo, el perro sabe que si su dueña se pone determinada chaqueta o determinados zapatos es señal

de que van a salir a pasear. Si solemos jugar con el perro o sacarlo a pasear después de trabajar con el ordenador, al cabo de poco tiempo empezará a saltar de alegría en cuanto oiga que apagamos el aparato.

Y esto son solamente dos ejemplos. Seguro que usted mismo descubrirá muchas otras situaciones en las que su perro reacciona ante señales que usted emite involuntariamente.

Empleo correcto de la voz

La voz es un elemento de comunicación muy importante entre el hombre y el perro. Pero no abuse de ella, empléela solamente cuando haga falta y apoyándola con el lenguaje corporal.

El perro no comprende el significado de las palabras, pero puede deducir algo del tono y del timbre empleados. Por lo tanto, no sirve de nada explicarle algo o intentar darle una charla acerca de, por ejemplo, por qué no tiene que escarbar en la alfombra. Dado que no entiende lo que se le dice, la voz cada vez le interesa menos.

Nombre

Los nombres de los perros no han de ser demasiado largos. Si quiere que su perro responda a su nombre, dígaselo en tono amistoso o interesante y relacióneselo con algo positivo, como por ejemplo con una golosina, con caricias o con algún juego. Para que el animal acuda cuando lo llame por su nombre es preferible que no lo llame sin motivo y que nunca lo haga en relación con algo negativo.

Timbre

Como ya hemos indicado anteriormente, el perro no comprende el significado de las palabras. Por lo tanto, le es absolutamente igual si para hacer que se siente le dice «siéntate» o «naranja». Las órdenes vocales han de ser cortas, concisas y que no se presten a confusión. Si se las da sin «contexto» y empleando la entonación adecuada, al perro le será más fácil reaccionar con precisión.

Si el perro está esperando algo concreto, su estado de alerta se agudizará en cuanto oiga una palabra que pueda relacionar con lo que está esperando. Por ejemplo, si relaciona la palabra «comida» con la hora de comer y lleva ya una

> Las personas y los perros pueden formar un gran equipo, sólo es necesario que se entiendan bien.

hora en estado hipnótico delante de su plato, no le diga «ahora no hay comida». El perro no entiende el contexto, y lo único que hará es ponerse aún más impaciente.

El tono lo es todo

Los distintos tonos de voz pueden transmitirle muchas cosas al perro: alegría, rigor, castigo, tranquilidad, acción, o juego. Pero el tono siempre se deberá adaptar a las circunstancias del momento. Dele las ordenes en un tono amistoso pero serio. Según el ejercicio se puede transmitir calma o actividad:

➤ Si el perro ha de quedarse sentado a su lado, o incluso en un determinado lugar a cierta distancia de usted, entonces la voz no ha de ser excitante ni motivante. En este caso es importante emplear un tono muy tranquilo, incluso para felicitarlo. De lo contrario, al perro le sería difícil quedarse quieto y relajado sin moverse del sitio.

➤ Pero si lo que desea es que su perro vuelva con usted a pesar de que ha visto a un compañero de juegos a cien metros de distancia, entonces llámele con una voz alegre e interesante que pueda motivarle lo suficiente. Y cuando

> *Una expresión corporal amistosa anima al perro a venir.*

venga hacia usted a toda velocidad, alábelo con cariño y en voz alta (ver foto de arriba).

➤ Si ha de reñirlo, limítese a decirle «¡No!» en un tono seco y rígido acompañado de una expresión facial adecuada.

Intensidad de voz

Los perros oyen muy bien, por lo que en la mayoría de los casos no hace falta gritarles. Háblele en voz baja o normal. Le sorprenderá ver lo bien que responde si emplea el tono adecuado y le habla en voz baja.

RECUERDE

Normas de adiestramiento

✔ Todas las normas que se apliquen al perro deberán ser respetadas por toda la familia.

✔ Prevea las cosas con tiempo y evite que el perro alcance logros indeseables.

✔ Motívelo siempre con cosas nuevas, pero sin forzarlo (ver foto de arriba).

✔ Manténgase siempre consecuente e inflexible.

✔ Coordine bien su voz y su expresión corporal.

✔ Juegue con su perro por lo menos una vez al día.

✔ Su perro deberá estar física y psíquicamente en forma.

Cómo piensan los perros

Para poder comunicarse bien con el perro, es necesario tener en cuenta algunos conceptos básicos sobre él. Ya que desciende del lobo, el perro es también un animal gregario. Necesita un entorno social liderado por un jefe de manada. Seguirlo le proporciona una sensación de seguridad. Dado que en la naturaleza el jefe de la manada es el que asegura la supervivencia del grupo, los demás lo siguen y lo obedecen voluntariamente.

Usted es el jefe

Para que su perro pueda identificarle a usted como «jefe» es necesario que usted se comporte como el lobo que lidera la manada. Y ello incluye determinados privilegios exclusivos, como por ejemplo disponer para usted sólo de algunos lugares de «observación» elevados (cama, sofá). Otra de las características del jefe de manada es que es él quien marca las actividades que se van a llevar a cabo, y los demás le siguen. Es decir, que es el perro el que ha de orientarse por su dueño y no al revés. De lo contrario podrían surgir graves problemas de convivencia. Esto implica que deberá ser siempre usted quien tome la iniciativa (ver recuadro de la página 43).

➤ Invite a su perro a jugar o acaríciolo solamente cuando usted quiera.

➤ Deje que juegue con otro perro cuando usted quiera y no cuando él se lo pida.

➤ Al llegar a una puerta, el primero en pasar deberá ser usted y no el perro.

➤ La hora de comer también la determina usted. Por lo tanto, el perro no deberá tener el comedero lleno durante todo el día para que coma cuando buenamente le plazca.

Y esto son solamente un par de ejemplos. A lo largo del día se dan muchas otras situaciones en las que deberá controlar que el perro haga lo que usted desee. A veces, sobre todo si el perro es muy dominante, puede suceder todo lo contrario sin que usted se dé cuenta, por lo que deberá ser consecuente y mantener el orden jerárquico establecido. No tema, ¡su perro le quiere a pesar de todo! El objetivo de todo esto es formar un equipo en el que su perro le identifique a usted como un compañero fiable y amistoso, pero de grado superior. Le encantará obedecer a un compañero así y disfrutará estando a su lado (ver recuadro de la derecha).

> Al llegar a un lugar estrecho, como por ejemplo una puerta, el perro siempre deberá pasar después de la persona.

> Los perros siempre han de entender que los lugares de descanso elevados están reservados para su «jefe de manada».

Orientar su comportamiento

Dada la importancia que tienen en la educación los medios de comunicación tales como la mímica, el contacto físico y la expresión corporal, deberá procurar aplicarlos muy cuidadosamente. Tenga en cuenta que el perro siempre tenderá a repetir cualquier comportamiento que usted le haya gratificado positivamente mediante caricias, golosinas o miradas. Y lo mismo sucede con las experiencias negativas o de indiferencia. Si un deter-minado comportamiento no le sirve para nada, o solamente le proporciona experiencias negativas, no tardará en abandonarlo. La recompensa y el castigo siempre le han de llegar inmediatamente después de manifestar un determinado comportamiento.

Importante: Al relacionarse con su perro vaya con cuidado de no gratificarlo involuntariamente por haber hecho algo que no debiera. Y también ha de cuidar de no castigarlo nunca erróneamente (ver tabla de la pág. 55).

(ver tabla de la pág. 55)

RECUERDE

Establecer un orden jerárquico

✔ No tenga remordimientos, al considerarle jefe de manada su perro no le quiere menos, sino más.

✔ Muéstrese autoritario con su perro. ¡Usted es el jefe!

✔ Estreche su relación con su perro haciendo cosas juntos y jugando con él.

✔ Deje de acariciarlo, jugar con él, entrenarlo, etc., antes de que sea él quien abandone.

✔ No ceda casi nunca a los deseos de su perro.

✔ No le dé de comer a su perro antes de que coma usted, sino después.

✔ El perro no deberá tener el plato con comida a su alcance durante todo el día.

✔ Los lugares de descanso en alto le están prohibidos.

✔ Si el perro desea alguna golosina tendrá que «ganársela».

✔ Cuando llegue a un lugar estrecho (puerta, etc.), pase usted antes que su perro.

✔ Entrénelo regularmente en ejercicios de obediencia.

Cuestiones acerca del comportamiento y la educación

¿Es posible que los perros tengan remordimientos?

No. Supongamos que usted llama a su perro y éste, en vez de acudir, sale corriendo y se tira al agua. Usted se mete en el agua, lo coge y le riñe. El perro muestra su «arrepentimiento». Se siente inseguro y sumiso ante su voz furiosa y por todo lo que le dice al reñirle (aunque no entiende ni una palabra). Pero él no relaciona este comportamiento con su carrera hasta el agua, eso es algo que ya queda demasiado lejos.

¿Qué puedo hacer para que mi perra Bella no salte sobre la gente que viene de visita?

Lo que ella pretende es llamar la atención. Por lo tanto, la mejor manera de evitar que lo haga es no hacerle caso y pasar de largo. Y habrá que seguir haciéndolo hasta que deje de saltar. Si vienen extraños, es mejor que sujete a su perra con la correa para evitar esta situación. Otra posibilidad es gratificarle un comportamiento alternativo. Por ejemplo, si va a saltar dígale «¡siéntate!» y felicítela cuando lo haga.

A veces me parece que mi perro Rudi comprende cada palabra que le digo. ¿Es eso posible?

Su perro no comprende el significado de las palabras, pero capta perfectamente la entonación y sabe relacionarla con su estado de ánimo. Si usted se prepara para sacarlo a pasear y le dice a su esposa «Me voy a pasear el perro», el animal relacionará el sonido

Hay que enseñarle buenos modales. El cachorro ha de aprender a no morder ni la ropa ni a las personas.

de estas palabras con el paseo y sabrá que está a punto de salir.

Mi perro Wotan se muestra muy prudente ante ciertas personas o situaciones, mientras que en otras es alegre y curioso. ¿Puedo influir de algún modo en su comportamiento?

Sí. Cuando su perro se sienta feliz y curioso investigando algo, acérquese tranquilamente a él y dígale algo en un tono amistoso y estimulante, como por ejemplo: «Estupendo, ¿qué es lo que has encontrado?». Cuando se haya acostumbrado a esto, repítaselo también en momentos en que el animal se muestre más cauto o precavido.

Mi perra Chispa apenas se interesa por mí. ¿A qué puede deberse?

A lo mejor se debe a que la mima demasiado. Si a un perro se le habla o se le acaricia constantemente, al final ya no hace caso a estos mimos. Incluso es posible que se le hagan pesados. Su perra pierde el interés por usted. Procure no hacerle caso. Realice todas sus tareas cotidianas del hogar sin tocar al animal y sin fijarse en ella. Por otra parte, ocúpese de ella en cosas muy concretas, como por ejemplo llevándola de paseo por algún lugar que pueda parecerle interesante. Llévese una pelota u otro juguete y anime a la perra a correr o a saltar sobre un tronco caído. Háblele solamente cuando haga algo con ella. Juegue con su perra de vez en cuando, pero no lo haga muchas veces al día. A veces, menos es más.

¿Qué puedo hacer para que mi perro Rufo deje de pedir cuando estamos comiendo?

De entrada, no le permita que se levante hasta la altura de la mesa. Empiece por no ponerse el cachorro en el regazo cuando esté comiendo. Nunca le dé nada de lo que usted esté comiendo, así no haría más que potenciar sus impulsos. Ignore fríamente su forma de mendigar hasta que abandone. Si es un perro grande o muy insistente, sáquelo fuera cuando esté comiendo o átelo a un lugar apartado de la mesa. Cuando ya obedezca, ordénele que se acueste a unos metros de la mesa mientras usted está comiendo. Cuando acabe, no se olvide de levantarle la prohibición.

Katharina Schlegl-Kofler

MIS CONSEJOS PERSONALES

Señales que los perros interpretan como amenazas

Los perros pueden interpretar las siguientes señales como amenazas y reaccionar con miedo, instinto de defensa o inseguridad jerárquica.

➤ Inclinarse sobre el perro.

➤ Acariciarle la cabeza desde arriba.

➤ Correr directamente hacia él y gritando.

➤ Movimientos bruscos y brazos levantados.

➤ Saludar muy efusivamente a su dueño, como por ejemplo con abrazos y palmadas en los hombros.

➤ Mirar al perro directamente a los ojos y fijar la mirada.

➤ Agacharse directamente delante de él.

➤ Acercarse al perro por detrás y tocarlo.

➤ Disciplina corporal, como por ejemplo obligarle a que se tumbe de espaldas.

Importante: Los perros muy asustadizos pueden sentirse amenazados incluso por actuaciones menos evidentes que éstas.

Cómo nos hablan los perros

Confianza y miedo

«Yo te pertenezco»

Si el perro confía plenamente en su dueño y reconoce en él a un compañero de rango superior, lo manifestará mediante señales muy concretas:

Toma de contacto: Al saludar, por ejemplo, el perro se agita tanto de un lado a otro

Cuerpo retraído y cola entre las patas –este perro tiene miedo.

que sus caderas también bailan; mantiene la cola horizontal o ligeramente hacia abajo. Baja ligeramente la cabeza y evita mirar directa-

mente a los ojos, inclina las orejas hacia atrás. Los perros muy sumisos se agachan mucho, se sientan o incluso se ponen de espaldas contra el suelo. Al igual que hacen con sus congéneres, los perros sumisos intentan lamer la comisura de los labios de su dueño o golpearle suavemente con el hocico (ver foto de la página 49). Esto es lo que hace que muchos perros salten hacia su dueño. Otra forma de tomar contacto con él consiste en lamerle y mordisquearle las manos para «quitarle las pulgas».

Descanso con contacto físico: Cualquier perro «cariñoso»

que disfrute descansando junto a su dueño procurará mantener la cabeza apartada del «jefe». Por ejemplo, cuando mi perra se acuesta a mi lado lo hace siempre de forma que su cabeza nunca esté demasiado cerca de mi cara. En cambio, cuando está con mi hijo, que es su «colega», le gusta apoyar su mejilla en la de él.

Gestos de sumisión: Un típico gesto de sumisión es el de «dar la patita», es decir, alzar una de las extremidades anteriores. Los perros sumisos suelen hacerlo cuando se les riñe.

A veces, los perros de caza y los cachorros dejan caer unas

SUGERENCIA

Montar

Cuando un perro monta a una perra lo hace para aparearse con ella. Los perros con un instinto reproductor muy desarrollado montan prácticamente a todas las perras que encuentran. Pero este comportamiento muchas veces no tiene nada que ver con la reproducción sino que es una forma de mostrar su superioridad. Por esto muchos perros lo hacen independientemente de su sexo. Es un comportamiento que incluso se puede observar en cachorros de carácter dominante. En muchos casos, montar la pierna de una persona también es una expresión de superioridad (ver páginas 53 y 56) y que deberá ser evitada a toda costa.

gotas de orina cuando saludan a su dueño, pero es un comportamiento que generalmente desaparece con la edad. El paso de la sumisión a la inseguridad puede ser muy gradual. Cuanto más acusada sea la sumisión y la sensación de inferioridad del perro, mayor será su tendencia a la inseguridad.

Comportamiento asustadizo

Algunos perros tienden a tener miedo de la gente. Puede ser que hayan sufrido alguna mala experiencia, que hayan tenido poco contacto con las personas o que se deba a una causa hereditaria. Son perros que, en mayor o menor grado, suelen evitar el contacto con la gente. Encogen el cuerpo, ponen la cola entre las patas e incluso es posible que se muestren agresivos de puro miedo. ¡Cuidado!, si un perro de estas características se siente acorralado es fácil que se lance a morder.

Mantener perros que desconfían de la gente o de su entorno puede llegar a ser muy problemático. Según cual sea la causa del problema, es posible mejorar un poco la situación mediante un entrenamiento especiali-

Orejas hacia atrás, pata levantada, parpadeo, este perro se siente feliz junto a su dueña.

zado llevado a cabo por un profesional. En los casos de poca gravedad puede ser muy útil juntar al perro con un «jefe de manada» dominante cuyo comportamiento le transmita confianza y seguridad. Mimar al animal por compasión no hace más que empeorar la situación ya que se siente gratificado por ello.

Unas peticiones muy claras

Los perros saben muy bien cómo manipular a sus dueños. Ponen cara de buenos, miran con una expresión «enternecedora» y su dueño no tarda en «obedecer». Dado que los perros aprenden de sus propios éxitos, rápidamente se dan cuenta de lo que han de hacer para conseguir lo que quieren. Pero en la manada es el jefe el que ordena lo que han de hacer los demás.

¿Un perro dominante?

Naturalmente, hay perros cuyo carácter y superioridad se les notan ya desde cachorros. Estos animales necesitan que su dueño sea muy perseverante y consecuente con ellos y que se encargue de educarlos muy bien desde el primer momento. Pero también hay perros que en principio habrían podido ser fáciles de educar pero que «ascienden» en el rango social porque su dueño, sin darse cuenta, se lo permite.

Si el perro está en un término medio y sus dueños se esfuerzan por darle todos los caprichos no tardará en sentirse superior a ellos. ¿Quién podrá impedirle que aproveche las circunstancias y se considere a sí mismo el jefe de la manada? Al perro nunca se le ocurrirá «portarse bien» y obedecer a su amo para agradecerle lo mucho que lo cuida.

¡Quiero algo de ti!

Cuando su perro quiera obtener algo de usted recurrirá tanto a su expresión corporal como a la vocal.

¡Quiero jugar! Cuando su perro quiera jugar se situará ante usted con su juguete favorito y empezará a gemir. Algunos perros colocan el juguete a los pies de su dueño, mientras que otros ladran o le tiran de los pantalones.

> *Este perro está acostumbrado a tener éxito cuando pide algo con insistencia. Es importante que desde el principio no le dé nunca nada de lo que usted esté comiendo.*

> *No siempre hay que ceder cuando el perro tiene ganas de jugar. Juegue con él solamente cuando usted quiera.*

De lo contrario se obtendrá el efecto opuesto. Supongamos que se sienta cerca de la mesa y se queda completamente quieto y sin molestar a nadie (ver pág. 45). En algún momento recibirá algo ya que, desde el punto de vista humano, está tranquilo. Así, el perro aprende que si se mantiene constante acabará obteniendo lo que desea. La próxima vez quizá se muestre más insistente y ladre para que le den antes su sabroso bocado.

¡Quiero que me acaricies! Cuando el perro desea que lo acaricien empuja a la persona con el hocico o le coloca la cabeza bajo el brazo. A veces incluso cuando uno está tomando el café con los amigos y tiene la taza en la mano.

¡Quiero esto! Otro gesto habitual para pedir consiste en apoyar una pata delantera, como por ejemplo cuando le apetece una galleta.

¡Quiero que me saques a pasear! Muchos perros, cuando se acerca la hora de salir a pasear empiezan a ladrar y dan vueltas alrededor de su dueño para recordarle que ya se puede ir preparando para salir de casa.

¡Quiero entrar! Cuando el perro está en el jardín y quiere entrar en casa, o quiere pasar a otra habitación, puede manifestarlo de distintas formas. Algunos se limitan a sentarse ante la puerta y esperar, mientras que otros saltan o incluso la arañan.

¡Tengo hambre! A los perros también les gusta lanzar miradas penetrantes o fijar la vista en su dueño, especialmente cuando se acerca la hora de comer. Más de un propietario se siente hipnotizado ante esta actitud.

Ignorar sus peticiones

Como ya indicamos anteriormente, lo mejor que puede hacer es mantenerse impasible e ignorar sus peticiones. Es decir, no decirle nada y ni siquiera mirarlo, y mantenerse firme hasta que el perro cambie de comportamiento.

SUGERENCIA

Problemas de higiene

➤ Si un perro de repente se vuelve sucio hay que empezar por ver si está enfermo. Pero el perro es un animal muy sensible y el motivo de que ensucie también puede deberse a un cambio de alimentación, a cambios en la rutina cotidiana, o a problemas en el seno de la «manada», es decir, en la familia.

➤ Si el perro pierde un poco de orina al saludar se debe a su alegría y sumisión, y no debe interpretarse como algo negativo. Lo mejor es no saludarlo muy efusivamente, sino de forma breve y tranquila.

51

Cómo reconocer y prevenir los problemas

Educarlo bien desde el primer momento

Para que la convivencia con el perro sea lo más agradable posible es mejor prevenir los problemas desde el principio. El cachorro ya ha de aprender a dejarse cepillar y a que lo co-

> *Muchas veces, cuando el perro se rasca lo hace por estrés o a causa de algún conflicto.*

jan siempre que haga falta. Si protesta, continúe hasta que ceda. Solamente entonces podrá dejarlo.

El cachorro nunca deberá gruñir a las personas de la casa. Y cuando juegue, nunca deberá morder ni a las personas ni la ropa. Si lo hace, márquele su enfado con un largo y severo «¡No!» y sujételo por el hocico, o interrumpa inmediatamente el juego para que entienda que ha hecho algo malo. El cachorro también ha de aprender que no ha de apropiarse de nada: si no quiere devolver su hueso de morder o su juguete, ofrézcale otra cosa a cambio.

El perro ha de «ganarse» las golosinas, los juegos y las caricias a base de obedecer previamente a una o varias órdenes. Y siempre será el dueño el que decida cuándo empiezan y cuándo acaban el juego o las caricias.

Cómo reconocer cuando algo va mal

Los perros son animales que

RECUERDE

Señales de conflicto

El perro emplea diversas señales para manifestar su estrés, sus conflictos internos y su fatiga.

✔ **Jadeos:** En principio sirven para regular la temperatura corporal (como en los casos de fiebre), pero también son un síntoma de estrés.

✔ **Ejemplo:** El perro se siente inseguro en la ciudad. Camina tranquilamente al lado de su dueño, pero jadea ostensiblemente.

✔ **Bostezos:** Pueden ser señal de cansancio o de conflicto (ver foto de la pág. 31). Ejemplo: Al perro lo están llamando sus compañeros de juego, se queda sentado junto a su dueño y bosteza; preferiría ir a jugar, pero sabe que ha de mostrarse obediente.

✔ **Rascarse:** Puede ser que algo le pique, pero muchas veces es señal de conflicto (ver foto de la izquierda). Ejemplo: Su dueño está muy nervioso durante las pruebas de un concurso canino. El perro se da cuenta de ello, se mantiene sentado a su lado y se rasca.

✔ **Lamerse:** El perro se lame la parte anterior del hocico (ver foto de la pág. 31). Ejemplo: El perro ha de quedarse sentado aunque su dueño se vaya. Si pasa mucho rato o la distancia es muy grande, al perro le gustaría seguir a su dueño, pero sabe que no ha de hacerlo. Se lame antes de levantarse. Simplificar el ejercicio.

1 **Jugar solamente bajo control**

Recuerde que los niños y perros solamente han de jugar juntos si hay un adulto que los controle. Solamente deberá dejar que los niños jueguen con el perro si usted es lo suficientemente fuerte como para poder dominarlo en cualquier situación. Los niños, tanto propios como ajenos, no deberán sacar el perro de paseo si no van acompañados por un adulto.

2 **¡Cuidado, perro peligroso!**

Si un perro se comporta así con las personas puede convertirse en un peligro. Su dueño deberá buscar ayuda profesional lo antes posible. Un perro de estas características solamente podrá salir con correa y bozal, e incluso puede ser recomendable que también lo lleve puesto dentro de casa. En muchos casos no hay más remedio que desprenderse del animal.

saben defenderse, y los problemas de orden jerárquico pueden llegar a ser peligrosos. Por esto es muy importante poder identificar a tiempo cualquier situación anómala. Los perros que se sienten superiores suelen comportarse como tales. Ignoran las órdenes de su dueño, pero cuando quieren algo lo exigen de un modo muy insistente. Se apropian del sofá o de la cama y les gusta colocarse en lugares por los que han de pasar todos los miembros de la familia, como por ejemplo la escalera o la entrada a la casa.

En casos «avanzados» el perro incluso es capaz de gruñir a los miembros de la familia que considera inferiores para hacer que se aparten de sus dominios. Si esto llega a suceder, usted va a tener que enfrentarse a un problema bastante serio. Si el perro se orienta hacia la persona, levanta la cabeza y le aguanta la mirada es señal de que se siente muy dominante. Y todavía puede reforzar su actitud mediante gestos de agresividad. Montar la pierna de su dueño (ver páginas 48 y 56) y marcar a los miembros de la familia también son señales de que algo falla en el orden jerárquico. En los casos de poca gravedad podrá obtener buenos resultados a base de elevar su «rango social» y ser consecuente con ello (ver recuadro de la pág. 43). Pero si el perro se muestra agresivo tendrá que buscar ayuda profesional lo antes posible.

Reaccionar de forma meditada

Por suerte, la convivencia con los perros no suele plantear grandes problemas. Pero en determinados casos pueden surgir situaciones difíciles.

Un perro ajeno: Es raro que alguien se vea amenazado por un perro extraño, pero puede llegar a suceder, por ejemplo, si se invade su territorio. No salga corriendo, eso no haría más que animarle a perseguirlo. Quédese quieto y desvíe la

> *Tanto si se trata de una intimidación agresiva o defensiva, la advertencia está clarísima.*

mirada, pero sin dejar de observar su comportamiento. Si el perro se da la vuelta, váyase tranquilamente. Recuerde que en estos casos no siempre se cumple aquello de «perro ladrador, poco mordedor».

Problemas con el propio perro: Puede suceder que su perro amenace a otra persona, o incluso a usted mismo. Puede hacerlo por miedo, por un rango social equivocado o guiado por su instinto de vigilancia o defensa. En estas situaciones, a menos que usted tenga mucha experiencia con perros será mejor que no lo provoque ni lo castigue. Tampoco es conveniente gritarle ni intentar calmarlo. Podría atacarle, y sus intentos para tranquilizarlo es posible que no hiciesen más que reforzar su actitud. Intente cortar la situación a base de ignorarlo o desviando su atención hacia otra cosa. Veamos algunos ejemplos:

➤ Los perros que suelen mostrarse agresivos cuando tienen miedo pueden mostrar un comportamiento imprevisible.

➤ Si su perro amenaza a un transeúnte o a un corredor o ciclista, apártelo sin hacer ningún comentario. En el futuro llévelo siempre atado y,

llegado el caso, desvíe su atención con una golosina.

➤ Si su perro le amenaza a usted o a otro miembro de la familia suele deberse a que hay algún fallo en la estructura social (ver pág. 53). Si gruñe para defender «su» sofá y usted no tiene mucha experiencia en tratar perros, lo mejor será que lo ignore y pase de largo. En el futuro será mejor que le ponga una correa larga para poder sacarlo del sofá sin tener que cogerlo de cerca. También puede evitar la situación a base de poner objetos en el sofá que le impidan acostarse en él.

➤ El asunto ya es más grave cuando el perro amenaza a un niño pequeño, por ejemplo porque quiere que le devuelva su hueso o porque defiende su rincón favorito. Corte la situación haciendo algún ruido fuerte y llame al perro. Después de un caso como éste es mejor que no vuelva a dejar el perro con el niño o, si lo hace, que el animal lleve siempre el bozal puesto. ¡No deje nunca un niño a solas con el perro!

Importante: Todo esto no son más que «medidas de emergencia». En cada caso deberá buscar ayuda profesional lo antes posible. Consulte a su veterinario.

Problemas de comunicación

Situación	Objetivo	Reacción y efecto	Reacción adecuada
El perro se asusta de un ruido de algún objeto de la casa.	El perro no ha de tener miedo.	Al perro se le tranquiliza, se le acaricia y se le mima. **Efecto:** Se gratifica su temor y, por lo tanto, se le intensifica.	Mantener la calma, animar al perro a investigar el objeto en compañía de su dueño.
El perro ladra desesperadamente en cuanto llaman a la puerta.	Conseguir que el perro ladre menos.	El dueño corre a abrir la puerta y busca al perro para reñirle. **Efecto:** El perro señala que sucede algo muy excitante. Así solamente se potencia su instinto de vigilancia.	Vaya tranquilamente hacia la puerta y enséñele al perro a obedecer cuando le diga que deje de ladrar (dele una pequeña recompensa cada vez que lo haga). También puede hacer que alguien toque el timbre cada poco rato mientras usted sigue tranquilamente sentado y sin reaccionar en absoluto. A veces puede ser útil cambiar el sonido del timbre de la puerta.
Cuando lleva al perro con la correa se muestra muy agresivo con los otros perros.	El perro deberá ignorar a sus congéneres.	El dueño se queda quieto, tira de la correa y «tranquiliza» a su perro a base de acariciarlo. **Efecto:** La tensión de la correa pone al perro en estado de alarma. Al acariciarlo se le recompensa por su comportamiento.	Llevar al perro con un arnés, distraer su atención con una golosina y pasar tranquilamente ante el otro perro.
Cuando llama al perro no viene hasta que repite varias veces la llamada.	El perro ha de acudir inmediatamente.	Cuando el perro finalmente viene, lo castiga por haber tardado demasiado en venir. **Efecto:** El perro relaciona el castigo con acudir hacia su dueño. En el futuro aún tardará más en venir.	Llame al perro en un tono atractivo y váyase. Ejercite sistemáticamente la orden con una correa larga y/o con el perro hambriento y la comida.
El perro se pone muy nervioso cuando ve que usted se prepara para sacarlo a pasear.	Su comportamiento ha de ser un poco menos «caótico».	El dueño procura sacar al perro de casa lo antes posible. **Efecto:** El perro deduce que cuanto más activo se muestre, antes saldrá a pasear.	Permanezca en casa con el abrigo puesto e ignore al perro. No salga hasta que se haya tranquilizado.

Cuestiones acerca
de la relación con los perros

Muchas veces, mi perro Max se sujeta con fuerza a mi pierna. ¿Qué puedo hacer para evitarlo?

Esta forma de montar suele ser una señal de comportamiento dominante e indica que hay algo que no funciona en el rango social. Aparte al perro de su pierna (o de la de otra persona) con un seco «¡No!» y hágale hacer un par de ejercicios de obediencia (sentado, dar la pata). Felicítelo si los realiza correctamente. Si esto no surte efecto, someta al perro a unos minutos de «aislamiento» ya sea atándolo a su caseta o encerrándolo en otra habitación.

¿Qué he de hacer si mi perro presenta síntomas de estrés?

Si durante los entrenamientos su perro suele mostrar síntomas de estrés o de conflictos internos, es posible que desaparezcan por sí solos a medida que se vaya acostumbrando a la situación. Según el origen del problema, también puede surtir efecto tratar al perro con más calma. Forzar al animal durante el entrenamiento puede ser otro motivo de estrés. En este caso lo mejor es simplificar los ejercicios y proceder más lentamente. Si al perro le estresan las situaciones de la vida cotidiana, es preferible hacer que se adapte a ellas progresivamente. Lo mejor es que busque asesoramiento profesional.

A mi cachorro le mordió un perro y ahora les tiene miedo a todos. ¿Qué puedo hacer para ayudarle?

Al perro se le graba muy profundamente todo aquello que experimenta durante sus primeras 16 semanas de vida, por lo que un suceso como éste resulta ser muy negativo. Es importante que el cachorro tenga contacto lo antes posible con otros perros cuyo comportamiento social sea el

Es importante que los cachorros tengan mucho contacto con perros de otras razas.

correcto. Dado que los perros también se orientan de modo visual, es importante que tenga contacto con perros parecidos a aquel que le mordió. Si le asustan los otros perros, no se acerque para consolarlo. Lo único que conseguiría es potenciar sus temores.

¿Qué hay que tener en cuenta cuando llega un bebé?

La jerarquía social entre personas y perro ha de estar muy clara. Si piensa establecer nuevas reglas para el perro, impóngaselas antes de la llegada del bebé. Cuando el bebé ya esté en casa, elija el momento adecuado para presentárselo al perro. Para que lo relacione con algo positivo es necesario que se cuide del perro también en presencia del niño. Sáquelo a pasear llevando el cochecito del bebé y juegue también con él. Importante: ¡Nunca deje el perro a solas con el niño!

A mi perro Dingo le gusta escarbar en el jardín, rompe cosas y ladra a la gente que pasa por la calle. ¿Qué puedo hacer para evitarlo?

Estos comportamientos, y otros similares, suelen indicar que al perro le falta actividad. En general, los perros de razas que normalmente se criaban para llevar a cabo tareas concretas, como vigilar ganado, tirar de trineos o soportar largas jornadas de caza, se aburren mucho cuando llevan la vida propia de un perro doméstico. Necesitan mucha más actividad para poder dar rienda suelta a toda su energía. Y no les basta con hacer ejercicio, han de hacer aquello para lo que han nacido. Además, procure que su perro no pase demasiado tiempo solo en el jardín. Si se aburre no es raro que descargue toda su energía sobre la primera «víctima» que pase por la calle.

Mi Romeo siempre arranca los bulbos de mis flores. Especialmente si lo dejo un rato solo en el jardín. ¿Cómo puedo evitarlo?

Evite que su perro siempre tenga éxito en sus intentos. Lo ideal es que durante toda una temporada mantenga vallados los parterres, los arriates con plantas valiosas y el estanque. Así evitará que el perro pueda causar destrozos cuando usted no esté allí para vigilarlo. Esto también se puede aplicar a otras muchas situaciones.

MIS CONSEJOS PERSONALES

Katharina Schlegl-Kofler

Mover la cola

Es una señal de excitación, pero no siempre de amistad.

➤ El perro mueve la cola a impulsos cortos y manteniéndola en alto: si además gruñe o mira fijamente, es una señal de advertencia, como por ejemplo si está vigilando algo. También forma parte del ritual que tiene lugar cuando se encuentran dos perros.

➤ El perro mueve la cola manteniéndola muy baja: saludo típico de un perro muy sumiso o que se siente inseguro.

➤ El pero mueve la cola de un lado a otro: amistad, si lo hace al jugar o al saludar significa «soy feliz». Al saludar a alguien de este modo le reconoce un rango superior al suyo.

➤ El perro mueve la cola lentamente manteniéndola horizontal o ligeramente caída: se siente inseguro o está a la espera.

➤ Importante: el movimiento de la cola hay que interpretarlo en el contexto del resto de su expresión corporal y en función de las características propias de su raza.

EMPLEAR CORRECTAMENTE EL LENGUAJE

Los perros se entienden sin emplear palabras, tanto entre ellos como con el hombre. **Cuide** mucho el empleo de la mímica, los gestos y la voz y **adáptelos** siempre a cada situación concreta.

Así seguro que se entenderá bien con su perro

ENTENDER BIEN AL PERRO

El «lenguaje canino» también depende de la **raza**. Los Border Collie, por ejemplo, lo protegen todo, a la mayoría de los Retriever les gusta llevar cosas, y algunos perros con un **instinto de guardia** muy acusado son capaces de defender el entorno de la mesa del restaurante en que está su dueño como si fuese su propio territorio.

CADA COSA A SU TIEMPO

Emplee la voz solamente cuando haga falta. A veces, en **cuestión de segundos** es necesario pasar de un tono serio y severo a otro muy amistoso, o al revés.

HÁBLELE COMO SI USTED TAMBIÉN FUESE UN PERRO

El perro no piensa ni actúa como una persona. Él le ve a usted como si fuese una especie de perro grande. Por lo tanto, tendrá que **comportarse como** tal para que su anima pueda entenderlo.

OBSERVAR PARA APRENDER

La mejor manera de aprender el lenguaje canino es **fijándose bien** en el perro. Aproveche los momentos (por ejemplo, reuniones de cachorros) en que su perro está en contacto con otros.

SEA PRUDENTE

No todo el mundo entiende el lenguaje de los perros. Esto es lo que hace que un perro pacífico pero impulsivo pueda **asustar** a alguien o perseguir a un niño. Mantenga a su perro sujeto con la correa.

Nuestros 10 consejos básicos

CUIDE LA IMPRESIÓN GENERAL

Para poder establecer una buena comunicación con su perro es necesario que su **expresión corporal** y su voz coincidan. Emplee pocas palabras. Solamente así entenderá el perro cuáles son sus órdenes y podrá reaccionar correctamente.

REFORZAR LA RELACIÓN

Anime y estimule a su perro mediante ocupaciones tales como **entrenamientos de obediencia y juegos**. Así ambos conseguirán conocerse mejor y se reforzará su relación.

ADIESTRARLO CORRECTAMENTE

Cuando el perro haga algo que no deba, ríñale **como los perros**. El perro sabe perfectamente lo que significa un tono de voz serio, que lo cojan por el hocico o que lo ignoren. Sin embargo, **no es capaz de comprender** un castigo físico o que le dejen sin comer.

PEDIR AYUDA EN LOS CASOS DIFÍCILES

Si su perro se comporta de un modo que usted no comprende o si le plantea problemas tales como miedo o agresividad hacia las personas o hacia otros animales, será necesario que busque **ayuda profesional**.

Índice alfabético

Los números expresados en **negrita** hacen referencia a las ilustraciones

La autora

Katharina Schlegl-Kofler es una conocida especialista en perros que lleva muchos años tratando su educación y que participa frecuentemente en seminarios y cursos relacionados con la educación canina. Sus cursos para cachorros y para la educación de perros de todas las razas tienen siempre un gran éxito. Ha escrito diversos libros sobre perros incluidos en esta misma colección.

Fotógrafos

Giel: 31 arriba der., 36, 37, 39, 41, 42, 43, 48, 49, 50, 51; Juniors: (Brinckmann) 7, 11 arriba der., (Cherek) 10 der., (Krämer) 11 abajo izq., (Schanz) 30 der., (Steimer) 64, C4 der., (Wegler) 4, 17, 24, 27, 28, 29, 46; Kuhn: 26, 40, 53 izq., 56, C4 izq.; Layer: 31 arriba izq., 54; Okapia: (Klein, Hubert) C4 centro, (Lenz) 23, (Steimer) 53 der., Prawitz: 10 izq., 22, 31 centro der.; Reinhard 8, 11 abajo centro, 12, 18, 31 abajo, 32; Schanz: C2/1, 2, 3, 9, 11 abajo der., 34, 38, 44, 52; Silvestris on-line: (Lenz) 6, 11 arriba izq., 21; Steimer: 14, 30 izq.; Wegler: C1.

A NUESTROS LECTORES

➤ Los consejos expuestos en este libro se refieren a perros normales y de buena crianza, es decir, perros sanos y sin alteraciones del carácter.

➤ Los perros que han sufrido alguna mala experiencia por culpa de las personas, pueden comportarse de un modo muy distinto. Esos perros solamente pueden ser adoptados por personas con mucha experiencia.

Mi perro

➤ **Nombre:** _____

Así le gusta que le gratifiquen:

➤ _____

_____

_____

Sus juegos y juguetes favoritos:

➤ _____

_____

_____

Lo que hay que tener en cuenta al sacarlo a pasear:

➤ _____

_____

_____

Éstas son sus cosas:

➤ _____

_____

_____

Características particulares:

➤ _____

_____

_____

Éste es su veterinario:

➤ _____

_____

_____

Título de la edición original: Hunde sprache

Es propiedad
© Gräfe und Unzer Verlag GmbH, Múnich

© de la edición en castellano, 2018:
Editorial Hispano Europea, S. A.
Passeig del Ferrocarril, 335, 2º2ª
08860 Castelldefels - Barcelona (España).
E-mail: hispanoeuropea@hispanoeuropea.com

© de la traducción: Enrique Dauner

Toda forma de reproduc ción, distribución, comunicación pública o tr ansformación de e sta
obra solo puede ser re alizada con la autoriza-
ción de sus titulares, salvo la excepción prevista
por la ley. Diríjase al editor si necesita fotoco-
piar o digitalizar algún fragmento de esta obra.

Depósito Legal: B. 17.340-2011

ISBN: 978-84-255-1595-8

Sexta edición

Consulte nuestra web:
www.hispanoeuropea.com